La Lanterna dei Piccoli Desideri

Pomme Bilingual

Published by Pomme Bilingual, 2024.

LA LANTERNA DEI PICCOLI DESIDERI

First edition. July 31, 2024.

Copyright © 2024 Pomme Bilingual.

ISBN: 979-8224900756

Written by Pomme Bilingual.

Table of Contents

The Rainbow Bridge and the Little Cloud

Once upon a time, in a land where the sky met the earth in a seamless dance of colors, there lived a Little Cloud named Luna. Luna was not just any cloud—she had a magical ability to paint the sky with hues of pink, blue, and gold, and she loved spreading beauty wherever she floated. But as much as Luna loved to paint, she had a dream that had never been fulfilled.

Luna had heard of the Rainbow Bridge, a magnificent arc that stretched across the heavens, connecting the land of the Earth with the realm of the Stars. It was said that those who crossed the Rainbow Bridge could see the world in ways they had never imagined before. Luna longed to visit this magical place, but there was one small problem: Luna was afraid of heights.

Every day, Luna would float near the edge of the sky, watching the Rainbow Bridge shimmer with every color imaginable. She would see children pointing up in awe, their faces lighting up with joy as the colors danced in the sky. And every day, Luna felt a little twinge of sadness, knowing that her dream seemed so far out of reach.

One sunny afternoon, as Luna was painting a vibrant sunset, she met a wise old owl named Oliver. Oliver had wings of silver and eyes that sparkled like stars. He perched on a nearby tree and watched Luna with great interest.

"Why so glum, Little Cloud?" Oliver asked gently.

Luna sighed and floated a bit lower, feeling the weight of her unfulfilled dream. "I've always wanted to see the Rainbow Bridge up close," she said, "but I'm afraid of heights. What if I fall?"

Oliver looked thoughtful. "Fear is a very clever thing. It tries to protect us, but it often keeps us from seeing the wonderful things we could discover. Do you really think the Rainbow Bridge would let you fall?"

Luna thought about this for a moment. The Rainbow Bridge seemed so strong and colorful; it was hard to imagine it being unkind. "I suppose not," she said hesitantly.

"Then why not try?" Oliver encouraged. "I'll be with you every step of the way."

Luna felt a spark of hope. With Oliver's reassuring words and his twinkling eyes, she decided to give it a try. That evening, as the sun dipped below the horizon and the first stars began to appear, Luna began her journey toward the Rainbow Bridge.

As Luna approached the bridge, she could see how it shimmered with every color of the spectrum, each hue blending into the next like a gentle wave. She felt a mix of excitement and fear as she floated closer. But with Oliver beside her, his wings fluttering in the soft evening breeze, she felt a bit braver.

The moment Luna touched the Rainbow Bridge, she felt a strange sensation. It was as if the bridge was made not just of colors but of pure, comforting warmth. The colors enveloped her like a hug, and she felt her fears begin to melt away.

As she floated across the bridge, Luna saw the world from a new perspective. The stars twinkled like tiny lanterns in a vast, dark sea, and the land below looked like a beautiful patchwork quilt of greens and browns. She saw rivers shining like silver ribbons and mountains standing tall and proud.

But the most magical part was when she reached the end of the Rainbow Bridge. She found herself in a beautiful meadow in the realm of the Stars, where the sky was filled with twinkling lights and gentle, soft whispers of music played on the breeze. Luna felt like she was floating in a dream, and her heart swelled with joy and wonder.

Oliver fluttered beside her, his eyes filled with pride. "See, Luna? Sometimes, the things we are most afraid of can lead us to the most wonderful places."

Luna smiled, her heart full of gratitude. "Thank you, Oliver. I never would have made it without you."

As the night wore on, Luna knew it was time to return to her own sky. But she carried the memory of the Rainbow Bridge with her—a reminder that courage and friendship could help her reach her dreams.

From that day on, Luna painted the sky with even more joy and color, always remembering the magical bridge she had crossed. And sometimes, when the sky was clear and the stars shone brightly, she would gaze up at the Rainbow Bridge and smile, knowing that her dreams had come true, all because she had taken a leap of faith with a little help from a friend.

And so, Little Cloud Luna continued to spread beauty and wonder across the sky, always inspired by the magic of the Rainbow Bridge and the bravery it had helped her discover.

Il Ponte Arcobaleno e la Piccola Nuvola

C'era una volta, in una terra dove il cielo si univa alla terra in una danza senza soluzione di continuità di colori, una Piccola Nuvola di nome Luna. Luna non era una nuvola qualsiasi: aveva la magica capacità di dipingere il cielo con tonalità di rosa, blu e oro, e amava spargere bellezza ovunque fluttuasse. Ma per quanto Luna amasse dipingere, aveva un sogno che non era mai stato realizzato.

Luna aveva sentito parlare del Ponte Arcobaleno, un magnifico arco che si estendeva attraverso i cieli, collegando la terra con il regno delle Stelle. Si diceva che coloro che attraversavano il Ponte Arcobaleno potessero vedere il mondo in modi che non avevano mai immaginato prima. Luna desiderava ardentemente visitare questo luogo magico, ma c'era un piccolo problema: Luna aveva paura delle altezze.

Ogni giorno, Luna fluttuava vicino al bordo del cielo, osservando il Ponte Arcobaleno brillare con ogni colore immaginabile. Vedeva i bambini puntare verso l'alto con meraviglia, i loro volti illuminarsi di gioia mentre i colori danzavano nel cielo. E ogni giorno, Luna provava un piccolo pizzico di tristezza, sapendo che il suo sogno sembrava così lontano.

Un pomeriggio soleggiato, mentre Luna dipingeva un tramonto vivace, incontrò un saggio vecchio gufo di nome Oliver. Oliver aveva ali d'argento e occhi che brillavano come stelle. Si posò su un albero vicino e guardò Luna con grande interesse.

"Perché sei così triste, Piccola Nuvola?" chiese Oliver con dolcezza.

Luna sospirò e fluttuò un po' più in basso, sentendo il peso del suo sogno non realizzato. "Ho sempre desiderato vedere il Ponte Arcobaleno da vicino," disse, "ma ho paura delle altezze. E se cado?"

Oliver sembrava pensieroso. "La paura è una cosa molto astuta. Cerca di proteggerci, ma spesso ci impedisce di vedere le meraviglie che potremmo scoprire. Pensi davvero che il Ponte Arcobaleno ti lascerebbe cadere?"

Luna rifletté su questo per un momento. Il Ponte Arcobaleno sembrava così forte e colorato; era difficile immaginare che fosse scortese. "Non credo," disse esitante.

"Allora perché non provare?" incoraggiò Oliver. "Sarò con te ogni passo del cammino."

Luna sentì un barlume di speranza. Con le parole rassicuranti di Oliver e i suoi occhi scintillanti, decise di provarci. Quella sera, mentre il sole scendeva sotto l'orizzonte e le prime stelle cominciavano ad apparire, Luna iniziò il suo viaggio verso il Ponte Arcobaleno.

Quando Luna si avvicinò al ponte, poteva vedere come brillava con ogni colore dello spettro, ogni tonalità che si mescolava con la successiva come un'onda gentile. Provava una miscela di eccitazione e paura mentre si avvicinava. Ma con Oliver accanto a lei, le ali che frusciavano nella leggera brezza serale, si sentiva un po' più coraggiosa.

Nel momento in cui Luna toccò il Ponte Arcobaleno, provò una sensazione strana. Era come se il ponte fosse fatto non solo di colori ma di puro, confortante calore. I colori la avvolgevano come un abbraccio, e sentì che le sue paure cominciavano a sciogliersi.

Mentre fluttuava attraverso il ponte, Luna vedeva il mondo da una nuova prospettiva. Le stelle scintillavano come piccole lanterne in un vasto mare scuro, e la terra sotto sembrava un bellissimo quilt di verdi e marroni. Vedeva fiumi che brillavano come nastri d'argento e montagne alte e orgogliose.

Ma la parte più magica fu quando raggiunse la fine del Ponte Arcobaleno. Si trovò in un bellissimo prato nel regno delle Stelle, dove il cielo era pieno di luci scintillanti e dolci, morbidi sussurri di musica si diffondevano nella brezza. Luna si sentiva come se stesse fluttuando in un sogno, e il suo cuore si gonfiava di gioia e meraviglia.

Oliver svolazzava accanto a lei, con gli occhi pieni di orgoglio. "Vedi, Luna? A volte, le cose di cui abbiamo più paura possono condurci ai posti più meravigliosi."

Luna sorrise, il cuore pieno di gratitudine. "Grazie, Oliver. Non ce l'avrei mai fatta senza di te."

Con il passare della notte, Luna sapeva che era il momento di tornare al suo cielo. Ma portava con sé il ricordo del Ponte

Arcobaleno—un promemoria che il coraggio e l'amicizia potevano aiutarla a raggiungere i suoi sogni.

Da quel giorno in poi, Luna dipinse il cielo con ancora più gioia e colore, sempre ricordando il ponte magico che aveva attraversato. E a volte, quando il cielo era chiaro e le stelle brillavano intensamente, guardava il Ponte Arcobaleno e sorrideva, sapendo che i suoi sogni si erano avverati, tutto perché aveva fatto un salto di fede con un piccolo aiuto da un amico.

E così, la Piccola Nuvola Luna continuò a spargere bellezza e meraviglia nel cielo, sempre ispirata dalla magia del Ponte Arcobaleno e dal coraggio che le aveva aiutato a scoprire.

The Whispering Woods and the Brave Little Squirrel

In a serene valley surrounded by tall, ancient trees, there was a magical forest known as the Whispering Woods. The trees in this forest were special—they could talk! They spoke in soft, rustling voices that carried wisdom and tales of old. The animals living in the Whispering Woods cherished their home and the stories the trees shared. But amongst all the creatures, there was a particularly brave little squirrel named Oliver.

Oliver was not like other squirrels. While his friends were content gathering acorns and playing in the treetops, Oliver had a dream—he wanted to explore the world beyond the Whispering Woods. The forest was beautiful, but Oliver's heart longed to see what lay beyond the rolling hills and shimmering rivers he had heard so much about. The trees, however, had warned him of the unknown dangers that lurked outside their safe haven.

One crisp autumn morning, as Oliver scampered across the forest floor collecting nuts, he overheard a conversation between two old oaks. Their voices were like a gentle breeze, and Oliver could catch only fragments of their words.

"The horizon is a wondrous place..." one oak murmured.

"But it is not without its trials..." the other responded softly.

Oliver's curiosity was piqued. He had always been intrigued by what lay beyond the familiar borders of the Whispering Woods, but the warnings of the trees made him hesitant. Yet, deep inside, he felt a spark of courage. He wanted to discover the wonders of the horizon and find out if it was as magical as the old oaks had hinted.

That evening, as the sun dipped low and cast a golden glow over the forest, Oliver made a decision. With a heart full of excitement and a hint of apprehension, he packed a small pouch with acorns, a few berries, and a soft blanket made of leaves. He knew the journey would be long and perhaps challenging, but he was determined to explore the world outside his beloved forest.

As Oliver took his first steps beyond the Whispering Woods, he felt a mixture of excitement and trepidation. The forest had always been his safe place, with its familiar smells and comforting sounds. But as he ventured further, the landscape began to change. The towering trees gave way to wide open fields and rolling hills that seemed to stretch endlessly.

The first challenge Oliver faced was a wide river with a swift current. He paused at the edge, feeling a bit overwhelmed by the vast expanse of water. As he pondered how to cross, he noticed a family of ducks gliding effortlessly across the river. Oliver approached them and asked for advice.

"You can build a bridge with what you find around you," the mother duck quacked kindly. "Look for strong branches and leaves. They will help you cross."

Taking the ducks' advice to heart, Oliver gathered branches and leaves and carefully crafted a makeshift bridge. With a deep breath and a brave heart, he tested his creation. It held strong, and Oliver managed to cross the river safely. As he reached the other side, he felt a sense of accomplishment and a newfound confidence.

As days turned into weeks, Oliver continued his journey through unfamiliar terrain. He encountered rolling meadows filled with colorful wildflowers, steep hills that tested his stamina, and vast plains where the wind whispered secrets. Despite the challenges, Oliver's determination never wavered. He learned to adapt, using his resourcefulness to overcome obstacles and find his way.

One evening, as the sky turned a deep shade of purple and the first stars began to twinkle, Oliver stumbled upon a hidden valley. In the center of the valley stood a magnificent tree, its branches glowing with a soft, magical light. Oliver approached the tree, his heart pounding with excitement.

"Welcome, brave traveler," the tree's voice resonated warmly. "I have been waiting for you."

Oliver was amazed. The tree seemed ancient and wise, its leaves shimmering like a thousand tiny stars.

"I've heard stories about this place," Oliver said. "Is it true that it's the most magical place in the world?"

The tree smiled gently. "The true magic lies not in the place itself, but in the journey you undertook to find it. You faced challenges, learned from them, and found your way with courage and kindness. This valley reflects your bravery and the spirit of exploration that guided you."

Oliver's heart swelled with pride. He realized that the journey had changed him. He had discovered his own strength, made new friends along the way, and learned to trust in his abilities. The valley was indeed magical, but it was the adventure that had made it truly special.

As Oliver prepared to return to the Whispering Woods, he felt a sense of peace and fulfillment. He knew that he would share his experiences with his friends and inspire them to embrace their own dreams and adventures. The Whispering Woods would always be his home, but now he carried with him the magic of the world beyond.

Back in the Whispering Woods, the trees welcomed Oliver with open branches. They listened intently as he recounted his journey and the wonders he had encountered. The animals gathered around, their eyes wide with amazement as Oliver spoke of the hidden valley, the shimmering tree, and the lessons he had learned.

The old oaks nodded in approval. "You have discovered the essence of true adventure," one of them said. "It is not just about reaching a destination, but about the courage to step beyond what is familiar and the wisdom gained along the way."

Oliver's heart was full of joy as he shared his story. He had ventured beyond the known, faced challenges with bravery, and returned home with a greater understanding of himself and the world. The Whispering Woods felt even more magical now, knowing that the world outside was filled with wonders and possibilities.

And so, the brave little squirrel continued to live among the Whispering Woods, his heart forever touched by the magic of the world beyond. He inspired others to follow their dreams, embrace the unknown, and find their own paths to adventure. The Whispering Woods remained a place of wonder and wisdom, where the trees continued to share their stories, and where Oliver's journey was remembered as a tale of courage and discovery.

I Boschi Sussurranti e il Coraggioso Scoiattolo

In una valle serena circondata da alberi antichi e imponenti, c'era una foresta magica conosciuta come i Boschi Sussurranti. Gli alberi in questa foresta erano speciali: potevano parlare! Parlano con voci morbide e fruscianti che portavano saggezza e racconti antichi. Gli animali che vivevano nei Boschi Sussurranti amavano la loro casa e le storie che gli alberi condividevano. Ma tra tutte le creature, c'era un particolarmente coraggioso scoiattolo di nome Oliver.

Oliver non era come gli altri scoiattoli. Mentre i suoi amici erano contenti di raccogliere ghiande e giocare nei rami degli alberi, Oliver aveva un sogno: voleva esplorare il mondo al di fuori dei Boschi Sussurranti. La foresta era bella, ma il cuore di Oliver bramava di vedere cosa si celava oltre le colline ondulate e i fiumi scintillanti di cui aveva tanto sentito parlare. Gli alberi, però, lo avevano avvertito dei pericoli sconosciuti che si nascondevano al di fuori del loro rifugio sicuro.

Una fresca mattina d'autunno, mentre Oliver scorrazzava sul pavimento della foresta raccogliendo noci, sentì una conversazione tra due antichi alberi di quercia. Le loro voci erano come una leggera brezza, e Oliver riusciva a cogliere solo frammenti delle loro parole.

"L'orizzonte è un luogo meraviglioso..." mormorò una quercia.

"Ma non è privo di prove..." rispose l'altra dolcemente.

La curiosità di Oliver fu stuzzicata. Era sempre stato affascinato da ciò che si trovava al di là dei confini familiari dei Boschi Sussurranti, ma gli avvertimenti degli alberi lo rendevano esitante. Eppure, nel profondo, sentiva una scintilla di coraggio. Voleva scoprire le meraviglie dell'orizzonte e scoprire se fosse davvero magico come avevano accennato le vecchie querce.

Quella sera, mentre il sole scendeva basso e gettava un bagliore dorato sulla foresta, Oliver prese una decisione. Con il cuore pieno di eccitazione e un pizzico di apprensione, preparò una piccola sacca con ghiande, alcune bacche e una morbida coperta di foglie. Sapeva che il viaggio sarebbe stato lungo e forse impegnativo, ma era determinato a esplorare il mondo al di fuori della sua amata foresta.

Quando Oliver fece i suoi primi passi al di fuori dei Boschi Sussurranti, sentì una miscela di eccitazione e trepidazione. La foresta era sempre stata il suo luogo sicuro, con i suoi profumi familiari e i suoni confortanti. Ma mentre avanzava, il paesaggio cominciava a cambiare. Gli alberi torreggianti lasciavano il posto a ampi campi e colline ondulate che sembravano estendersi all'infinito.

La prima sfida che Oliver affrontò fu un ampio fiume con una corrente veloce. Si fermò al bordo, sentendosi un po' sopraffatto dall'ampia distesa d'acqua. Mentre rifletteva su come attraversare, notò una famiglia di anatre che scivolavano senza sforzo attraverso il fiume. Oliver si avvicinò a loro e chiese consiglio.

"Puoi costruire un ponte con ciò che trovi intorno a te," quackò gentilmente la madre anatra. "Cerca rami robusti e foglie. Ti aiuteranno ad attraversare."

Seguendo il consiglio delle anatre, Oliver raccolse rami e foglie e costruì con cura un ponte improvvisato. Con un respiro profondo e un cuore coraggioso, testò la sua creazione. Essa tenne forte, e Oliver riuscì ad attraversare il fiume in sicurezza. Quando raggiunse l'altra sponda, sentì un senso di realizzazione e una rinnovata fiducia.

Con il passare dei giorni e delle settimane, Oliver continuò il suo viaggio attraverso terreni sconosciuti. Incontrò prati ondulati pieni di fiori selvatici colorati, colline ripide che misero alla prova la sua resistenza e vaste pianure dove il vento sussurrava segreti. Nonostante le sfide, la determinazione di Oliver non vacillò mai. Imparò ad adattarsi, usando la sua ingegnosità per superare gli ostacoli e trovare la sua strada.

Una sera, mentre il cielo diventava di un profondo colore viola e le prime stelle cominciavano a brillare, Oliver si imbatté in una valle nascosta. Al centro della valle c'era un albero magnifico, i cui rami brillavano di una luce magica e soffusa. Oliver si avvicinò all'albero, il cuore battente di eccitazione.

"Benvenuto, coraggioso viaggiatore," la voce dell'albero risuonò calorosamente. "Ti stavo aspettando."

Oliver era stupito. L'albero sembrava antico e saggio, le sue foglie scintillavano come mille piccole stelle.

"Ho sentito parlare di questo luogo," disse Oliver. "È vero che è il luogo più magico del mondo?"

L'albero sorrise dolcemente. "La vera magia non risiede nel luogo stesso, ma nel viaggio che hai intrapreso per trovarlo. Hai affrontato sfide, imparato da esse e trovato la tua strada con coraggio e gentilezza. Questa valle riflette il tuo coraggio e lo spirito di esplorazione che ti ha guidato."

Il cuore di Oliver si gonfiò di orgoglio. Si rese conto che il viaggio lo aveva cambiato. Aveva scoperto la sua forza, fatto nuove amicizie lungo il cammino e imparato a fidarsi delle proprie capacità. La valle era davvero magica, ma era l'avventura a renderla veramente speciale.

Mentre Oliver si preparava a tornare ai Boschi Sussurranti, sentì un senso di pace e realizzazione. Sapeva che avrebbe condiviso le sue esperienze con i suoi amici e li avrebbe ispirati ad abbracciare i loro sogni e le loro avventure. I Boschi Sussurranti sarebbero sempre stati la sua casa, ma ora portava con sé la magia del mondo al di fuori.

Di ritorno nei Boschi Sussurranti, gli alberi accolsero Oliver con rami aperti. Ascoltarono attentamente mentre raccontava il suo viaggio e le meraviglie che aveva incontrato. Gli animali si radunarono intorno, gli occhi spalancati di stupore mentre Oliver parlava della valle nascosta, dell'albero scintillante e delle lezioni che aveva appreso.

Le vecchie querce annuirono in approvazione. "Hai scoperto l'essenza del vero avventura," disse una di esse. "Non si tratta solo di raggiungere una meta, ma del coraggio di andare oltre ciò che è familiare e della saggezza acquisita lungo il cammino."

Il cuore di Oliver era pieno di gioia mentre condivideva la sua storia. Aveva oltrepassato il noto, affrontato le sfide con coraggio e tornato a casa con una maggiore comprensione di se stesso e del mondo. I Boschi Sussurranti sembravano ancora più magici ora, sapendo che il mondo al di fuori era pieno di meraviglie e possibilità.

E così, il coraggioso scoiattolo continuò a vivere tra i Boschi Sussurranti, il suo cuore per sempre toccato dalla magia del mondo al di fuori. Ispirò gli altri a seguire i loro sogni, abbracciare l'ignoto e trovare i loro percorsi verso l'avventura. I Boschi Sussurranti rimasero un luogo di meraviglia e saggezza, dove gli alberi continuarono a condividere le loro storie e dove il viaggio di Oliver fu ricordato come una storia di coraggio e scoperta.

The Star Keeper and the Lost Light

Once upon a time, in a land where the sky stretched endlessly and the stars glittered like a thousand tiny diamonds, there lived a gentle and wise creature known as the Star Keeper. The Star Keeper was a magnificent being, part owl and part dragon, with wings that sparkled like the night sky. Its purpose was to tend to the stars, ensuring they shone brightly and guided the dreams of all who looked up to them.

The Star Keeper had a special companion named Lila, a small firefly with wings that glowed like molten gold. Lila was the Star Keeper's assistant and friend. Together, they floated among the stars, sharing laughter and stories as they worked to keep the night sky beautiful and bright.

One evening, as the twilight turned the sky into a deep shade of blue, the Star Keeper noticed something unusual. One of the stars, the brightest in the constellation of the Great Bear, was flickering weakly. It was a star that had always been a beacon of hope and dreams for many. Concerned, the Star Keeper and Lila flew closer to investigate.

"Oh dear," Lila said, her tiny light dimming with worry. "The star is losing its light!"

The Star Keeper's wise eyes narrowed. "Indeed, it seems to be fading. We must find out why and help it regain its strength. A star's light is not just its own; it is connected to the dreams and hopes of everyone below."

They gently approached the troubled star, whose light had turned from a brilliant white to a faint, pale blue. The Star Keeper's soothing presence and Lila's comforting glow created a calming atmosphere. Together, they began to search for the source of the problem.

As they investigated, they discovered that the star was surrounded by a thick, dark fog that seemed to be draining its light. The fog was like a heavy curtain, muffling the star's brilliance. The Star Keeper and Lila knew that they had to dispel the fog to restore the star's light.

"But how can we remove such a dense fog?" Lila asked, her wings fluttering anxiously.

The Star Keeper pondered for a moment and then said, "We must use the power of our own light to counteract the fog. If we combine our light and shine it directly at the fog, we may be able to clear it away."

With a nod of determination, the Star Keeper and Lila began to focus their light. The Star Keeper's wings flared with a brilliant glow, while Lila's tiny firefly light danced and sparkled. They directed their combined light towards the fog, their rays cutting through the darkness like a warm, golden knife.

As their light met the fog, something miraculous happened. The fog began to dissolve, like mist under the morning sun. The star's light started to grow stronger, its brilliance returning as the dark curtain lifted.

The Star Keeper and Lila watched with relief and joy as the star regained its full, radiant glow. The once-fading star now shone with renewed vigor, its light spreading across the night sky like a beacon of hope.

"We did it!" Lila exclaimed, her wings shimmering with happiness.

The Star Keeper smiled gently. "Indeed, we did. But remember, it was not just our light that restored the star. It was our belief and determination that made the difference."

As they flew back to their celestial home, the Star Keeper and Lila reflected on their adventure. They realized that their task was not just to tend to the stars but also to understand and care for the dreams and hopes of those they guided.

In the days that followed, the Star Keeper and Lila continued their work with even more dedication and love. They visited each star, ensuring that they remained bright and strong, and listened to the stories and dreams of the people below.

One night, as they floated among the stars, Lila asked, "Do you think the stars know how important they are?"

The Star Keeper looked thoughtful. "Perhaps not all of them do. But that is why we are here—to remind them of their importance and to help them shine their brightest."

As they gazed out at the vast expanse of the night sky, they felt a deep sense of fulfillment. They knew that their efforts were making a difference, bringing light and hope to countless dreamers below.

And so, the Star Keeper and Lila continued their celestial journey, their hearts full of joy and purpose. They were not just keepers of the stars but also guardians of dreams, ensuring that every star shone brightly and every dream had the chance to come true.

From that night on, the star that had once flickered weakly became a symbol of resilience and hope. It reminded everyone that even in the darkest times, there was always a light to guide them, and that light could be restored with a little help from friends.

And as the night sky continued to sparkle with countless stars, the Star Keeper and Lila knew that their work was far from over. They would keep tending to the stars, spreading light and hope, and reminding the world that every dream, no matter how faint, had the potential to shine brightly.

Il Custode delle Stelle e la Luce Perduta

C'era una volta, in una terra dove il cielo si estendeva all'infinito e le stelle scintillavano come mille piccoli diamanti, un essere gentile e saggio conosciuto come il Custode delle Stelle. Il Custode delle Stelle era un magnifico essere, parte gufo e parte drago, con ali che brillavano come il cielo notturno. Il suo compito era prendersi cura delle stelle, assicurandosi che brillassero intensamente e guidassero i sogni di tutti coloro che le ammiravano.

Il Custode delle Stelle aveva un compagno speciale di nome Lila, una piccola lucciola con ali che brillavano come oro fuso. Lila era l'assistente e l'amica del Custode delle Stelle. Insieme, fluttuavano tra le stelle, condividendo risate e storie mentre lavoravano per mantenere il cielo notturno bello e luminoso.

Una sera, mentre il crepuscolo trasformava il cielo in una profonda tonalità di blu, il Custode delle Stelle notò qualcosa di insolito. Una delle stelle, la più luminosa della costellazione dell'Orsa Maggiore, stava tremolando debolmente. Era una stella che era sempre stata un faro di speranza e sogni per molti. Preoccupato, il Custode delle Stelle e Lila volarono più vicino per investigare.

"Oh caro," disse Lila, la sua piccola luce affievolita dalla preoccupazione. "La stella sta perdendo la sua luce!"

Gli occhi saggi del Custode delle Stelle si strinsero. "In effetti, sembra che stia svanendo. Dobbiamo scoprire il motivo e aiutarla a recuperare la sua forza. La luce di una stella non è solo sua; è connessa ai sogni e alle speranze di tutti quelli che la guardano."

Si avvicinarono delicatamente alla stella in difficoltà, la cui luce era passata da un bianco brillante a un pallido azzurro. La presenza rassicurante del Custode delle Stelle e la luce confortante di Lila crearono un'atmosfera calmante. Insieme, iniziarono a cercare la fonte del problema.

Mentre investigavano, scoprirono che la stella era circondata da una densa nebbia oscura che sembrava prosciugare la sua luce. La nebbia era come un pesante sipario, che smorzava la brillantezza della stella. Il Custode delle Stelle e Lila sapevano che dovevano dissipare la nebbia per ristabilire la luce della stella.

"Ma come possiamo rimuovere una nebbia così densa?" chiese Lila, le sue ali tremolanti con ansia.

Il Custode delle Stelle rifletté per un momento e poi disse: "Dobbiamo usare il potere della nostra stessa luce per contrastare la nebbia. Se combiniamo la nostra luce e la indirizziamo direttamente verso la nebbia, potremmo riuscire a disperderla."

Con un cenno di determinazione, il Custode delle Stelle e Lila iniziarono a concentrarsi sulla loro luce. Le ali del Custode delle Stelle si accesero con un bagliore brillante, mentre la piccola luce di Lila danzava e scintillava. Dirigevano la loro luce combinata verso la nebbia, i loro raggi che attraversavano l'oscurità come un caldo coltello dorato.

Quando la loro luce incontrò la nebbia, accadde qualcosa di miracoloso. La nebbia cominciò a dissolversi, come la nebbia sotto il sole del mattino. La luce della stella cominciò a crescere più forte, il suo splendore tornando mentre il pesante sipario si sollevava.

Il Custode delle Stelle e Lila guardarono con sollievo e gioia mentre la stella riacquistava il suo splendore radiante. La stella un tempo in declino ora brillava con rinnovato vigore, la sua luce che si diffondeva nel cielo notturno come un faro di speranza.

"Ce l'abbiamo fatta!" esclamò Lila, le sue ali scintillanti di felicità.

Il Custode delle Stelle sorrise dolcemente. "In effetti, ce l'abbiamo fatta. Ma ricorda, non è stata solo la nostra luce a ripristinare la stella. È stata la nostra fede e determinazione a fare la differenza."

Mentre volavano di ritorno alla loro casa celestiale, il Custode delle Stelle e Lila riflettevano sulla loro avventura. Si resero conto che il loro compito non era solo quello di prendersi cura delle stelle, ma anche di comprendere e prendersi cura dei sogni e delle speranze di coloro che guidavano.

Nei giorni seguenti, il Custode delle Stelle e Lila continuarono il loro lavoro con ancora più dedizione e amore. Visitavano ogni stella, assicurandosi che rimanesse luminosa e forte, e ascoltavano le storie e i sogni delle persone sotto.

Una notte, mentre fluttuavano tra le stelle, Lila chiese: "Pensi che le stelle sappiano quanto siano importanti?"

Il Custode delle Stelle sembrò pensieroso. "Forse non tutte lo sanno. Ma è per questo che siamo qui: per ricordare loro la loro importanza e per aiutarle a brillare al massimo."

Mentre guardavano l'immenso cielo notturno, sentirono un profondo senso di realizzazione. Sapevano che i loro sforzi stavano facendo la differenza, portando luce e speranza a innumerevoli sognatori là sotto.

E così, il Custode delle Stelle e Lila continuarono il loro viaggio celestiale, i loro cuori pieni di gioia e scopo. Non erano solo custodi delle stelle ma anche guardiani dei sogni, assicurandosi che ogni stella brillasse intensamente e ogni sogno avesse la possibilità di realizzarsi.

Da quella notte in poi, la stella che un tempo tremolava debolmente divenne un simbolo di resilienza e speranza. Ricordava a tutti che anche nei tempi più oscuri, c'era sempre una luce a guidarli, e quella luce poteva essere ristabilita con un piccolo aiuto da parte degli amici.

E mentre il cielo notturno continuava a scintillare con innumerevoli stelle, il Custode delle Stelle e Lila sapevano che il loro lavoro era lontano dall'essere finito. Avrebbero continuato a prendersi cura delle stelle, diffondendo luce e speranza e ricordando al mondo che ogni sogno, per quanto fievole, aveva il potenziale per brillare intensamente.

The Lantern of Little Wishes

In a quaint village nestled between rolling hills and lush meadows, there was a little house with a garden full of colorful flowers and fluttering butterflies. In this cozy abode lived a wise old owl named Oliver and a cheerful young rabbit named Rosie. They were the best of friends, and their days were filled with adventures and laughter.

One evening, as the sun dipped below the horizon and painted the sky in hues of pink and orange, Oliver and Rosie sat on the porch of their little house, gazing up at the first twinkling stars. Oliver had a special lantern that glowed softly in the twilight, its light a gentle, comforting presence.

"Oliver," Rosie said, her nose twitching with curiosity, "what makes this lantern glow so beautifully?"

Oliver's large, round eyes sparkled with a knowing twinkle. "Ah, Rosie, this lantern is not just an ordinary light. It is the Lantern of Little Wishes. Each time someone makes a wish with a pure heart, the lantern's glow becomes brighter."

Rosie's eyes widened with wonder. "Really? How does it work?"

Oliver smiled warmly. "Well, my dear, the lantern holds the magic of hope and dreams. When someone wishes for something with all their heart, the lantern captures that wish and lights up in response. It's a way to remind us that even the smallest of wishes can shine brightly."

Rosie was fascinated by the idea. "Can we make a wish together tonight?"

Oliver nodded. "Of course! But remember, Rosie, the most important thing is to wish with kindness and a loving heart."

As the night grew darker, Rosie and Oliver took the Lantern of Little Wishes to the garden. The garden was a magical place, with twinkling fireflies dancing among the flowers and the soft chirping of crickets filling the air. Rosie thought carefully about her wish, and Oliver watched her with a gentle smile.

Rosie closed her eyes and whispered her wish into the lantern. It was a wish for a friend who felt lonely and needed a bit of cheer. As she spoke, the lantern's light began to glow more brightly, casting a warm, golden hue over the garden.

Oliver took the lantern and held it high. "Let's see where this wish takes us," he said softly.

As they walked through the garden, the lantern's glow seemed to guide them. They followed its light until they reached a small, hidden corner of the garden where they found a tiny door covered in ivy.

Rosie's eyes sparkled with excitement. "Look, Oliver! What do you think is behind the door?"

Oliver examined the door closely. "I believe it might be a special place where wishes come true."

With a gentle push, the door creaked open, revealing a magical realm bathed in the soft light of the Lantern of Little Wishes.

The air was filled with the sweet scent of blooming flowers, and the ground sparkled with tiny, glowing stones.

As they stepped into the realm, they were greeted by a friendly fairy named Lumina. She had shimmering wings and a warm smile that radiated kindness.

"Welcome, Oliver and Rosie!" Lumina exclaimed. "I've been expecting you. The Lantern of Little Wishes has guided you here for a special reason."

Rosie looked around in awe. "It's beautiful here! But why are we here?"

Lumina fluttered her wings and said, "Your wish for a friend who needed cheer has led you to a place where we can find just that. There is someone in this realm who feels lonely and could use a bit of light and kindness."

Oliver and Rosie followed Lumina through the magical realm until they came to a charming little cottage made of flowers and twinkling lights. Inside, they found a gentle, shy creature named Finn, a small hedgehog with a kind heart but a lonely spirit.

Finn looked up as they entered, his eyes wide with surprise. "Who are you?" he asked softly.

Oliver introduced himself and Rosie, and Lumina explained their wish. Finn's eyes softened with understanding.

"I've been feeling lonely," Finn admitted. "It's nice to know someone cares."

Rosie's heart went out to Finn. "We're here to be your friends, Finn. You don't have to be lonely anymore."

Finn's face brightened with a shy smile. "Thank you. I've always wanted to have friends to share my adventures with."

For the rest of the evening, Oliver, Rosie, and Finn played games, shared stories, and laughed together. The Lantern of Little Wishes glowed brightly, filling the cottage with a warm, comforting light. The magic of the lantern seemed to enhance their joy and friendship, making the evening even more special.

As the night grew late, Oliver and Rosie knew it was time to return to their own world. They said their goodbyes to Finn and promised to visit him again.

Before leaving, Lumina handed Rosie a small, glowing stone. "This is a token of our gratitude," she said. "Whenever you feel unsure or need a reminder of the magic of kindness, hold this stone close to your heart."

Rosie thanked Lumina and tucked the stone safely into her pocket.

As they made their way back through the garden, the Lantern of Little Wishes continued to shine brightly, guiding them home. Rosie felt a deep sense of fulfillment, knowing that their wish had brought light and friendship to someone who needed it.

Back at their little house, Rosie and Oliver placed the Lantern of Little Wishes in its special spot on the porch. They looked up at the stars, feeling grateful for the magic of the night.

"Tonight was wonderful," Rosie said, her eyes sparkling with happiness. "I'm so glad we could help Finn."

Oliver nodded. "Indeed, it was a night filled with joy and kindness. Remember, Rosie, the magic of the Lantern of Little Wishes is not just in the light it gives, but in the love and care we share with others."

Rosie smiled and hugged Oliver. "I'll always remember that. Thank you for helping me make a wish come true."

As they sat together, enjoying the peaceful night, they felt a sense of contentment. The Lantern of Little Wishes continued to glow softly, a reminder of the magic that exists in every act of kindness and the power of a wish made with a loving heart.

And so, in the little village surrounded by rolling hills and lush meadows, the Lantern of Little Wishes shone brightly, guiding dreams and spreading light wherever it was needed. Oliver and Rosie's friendship grew stronger with each passing day, and their hearts remained full of the magic they had experienced.

From that night on, Rosie and Oliver continued to cherish their special lantern and the memories of their adventure. They knew that every wish made with kindness had the power to light up the world, just like the Lantern of Little Wishes. And in their hearts, they carried the light of that magical night, spreading joy and warmth wherever they went.

And so, as the stars twinkled brightly in the night sky, the Lantern of Little Wishes remained a symbol of hope and friendship, a beacon guiding dreams and reminding everyone that even the smallest acts of kindness could create the most magical moments.

La Lanterna dei Piccoli Desideri

In un pittoresco villaggio immerso tra colline ondulate e prati verdi, c'era una casetta con un giardino pieno di fiori colorati e farfalle che svolazzavano. In questa accogliente dimora vivevano un saggio vecchio gufo di nome Oliver e una vivace coniglietta di nome Rosie. Erano i migliori amici, e le loro giornate erano piene di avventure e risate.

Una sera, mentre il sole calava all'orizzonte e dipingeva il cielo con sfumature di rosa e arancio, Oliver e Rosie sedevano sulla veranda della loro casetta, guardando le prime stelle scintillare. Oliver aveva una lanterna speciale che brillava dolcemente nel crepuscolo, la sua luce era una presenza confortante e rassicurante.

"Oliver," disse Rosie, il naso che si agita dalla curiosità, "cosa rende questa lanterna così luminosa e bella?"

Gli grandi occhi rotondi di Oliver brillavano con una luce sapiente. "Ah, Rosie, questa lanterna non è una luce ordinaria. È la Lanterna dei Piccoli Desideri. Ogni volta che qualcuno esprime un desiderio con il cuore puro, la luce della lanterna diventa più intensa."

Gli occhi di Rosie si allargarono con meraviglia. "Davvero? Come funziona?"

Oliver sorrise calorosamente. "Beh, cara, la lanterna conserva la magia della speranza e dei sogni. Quando qualcuno desidera qualcosa con tutto il cuore, la lanterna cattura quel desiderio e si illumina in risposta. È un modo per ricordarci che anche i desideri più piccoli possono brillare intensamente."

Rosie era affascinata dall'idea. "Possiamo esprimere un desiderio insieme stasera?"

Oliver annuì. "Certamente! Ma ricorda, Rosie, la cosa più importante è esprimere il desiderio con gentilezza e amore."

Quando la notte diventò più scura, Rosie e Oliver portarono la Lanterna dei Piccoli Desideri in giardino. Il giardino era un luogo magico, con lucciole che danzavano tra i fiori e il lieve canto dei grilli che riempiva l'aria. Rosie pensò attentamente al suo desiderio, e Oliver la osservava con un sorriso gentile.

Rosie chiuse gli occhi e sussurrò il suo desiderio nella lanterna. Era un desiderio per un amico che si sentiva solo e aveva bisogno di un po' di allegria. Mentre parlava, la luce della lanterna cominciò a brillare più intensamente, diffondendo un caldo bagliore dorato nel giardino.

Oliver prese la lanterna e la sollevò in alto. "Vediamo dove ci porta questo desiderio," disse dolcemente.

Mentre camminavano per il giardino, la luce della lanterna sembrava guidarli. Seguirono la sua luce finché non raggiunsero un angolo nascosto del giardino dove trovarono una piccola porta coperta di edera.

Gli occhi di Rosie scintillarono di eccitazione. "Guarda, Oliver! Cosa pensi ci sia dietro la porta?"

Oliver esaminò la porta da vicino. "Credo che possa essere un luogo speciale dove i desideri si avverano."

Con una spinta delicata, la porta scricchiolò aprendosi, rivelando un regno magico bagnato dalla luce soffusa della Lanterna dei Piccoli Desideri. L'aria era riempita dal dolce profumo dei fiori in fiore, e il terreno scintillava con minuscole pietre luminose.

Quando entrarono nel regno, furono accolti da una fata amichevole di nome Lumina. Aveva ali scintillanti e un sorriso caloroso che irradiava gentilezza.

"Benvenuti, Oliver e Rosie!" esclamò Lumina. "Vi aspettavo. La Lanterna dei Piccoli Desideri vi ha guidato qui per una ragione speciale."

Rosie guardò intorno con meraviglia. "È bellissimo qui! Ma perché siamo qui?"

Lumina batté le ali e disse: "Il vostro desiderio per un amico che aveva bisogno di allegria vi ha portato a un luogo dove possiamo trovare proprio questo. C'è qualcuno in questo regno che si sente solo e potrebbe usare un po' di luce e gentilezza."

Oliver e Rosie seguirono Lumina attraverso il regno magico finché non arrivarono a un delizioso cottage fatto di fiori e luci scintillanti. All'interno, trovarono una creatura gentile e timida di nome Finn, un piccolo riccio con un cuore gentile ma uno spirito solitario.

Finn alzò lo sguardo quando entrarono, gli occhi pieni di sorpresa. "Chi siete?" chiese timidamente.

Oliver si presentò insieme a Rosie, e Lumina spiegò il loro desiderio. Gli occhi di Finn si ammorbidiscono con comprensione.

"Mi sono sentito solo," ammise Finn. "È bello sapere che qualcuno si preoccupa."

Il cuore di Rosie si sciolse per Finn. "Siamo qui per essere tuoi amici, Finn. Non devi essere più solo."

Il volto di Finn si illuminò con un sorriso timido. "Grazie. Ho sempre desiderato avere amici con cui condividere le mie avventure."

Per il resto della sera, Oliver, Rosie e Finn giocarono, raccontarono storie e risero insieme. La Lanterna dei Piccoli Desideri brillava intensamente, riempiendo il cottage di una luce calda e confortante. La magia della lanterna sembrava amplificare la loro gioia e amicizia, rendendo la serata ancora più speciale.

Quando la notte si fece tarda, Oliver e Rosie sapevano che era tempo di tornare al loro mondo. Si salutarono da Finn e promisero di tornare a trovarlo.

Prima di andarsene, Lumina diede a Rosie una piccola pietra luminosa. "Questa è un segno della nostra gratitudine," disse. "Ogni volta che ti sentirai incerta o avrai bisogno di un promemoria della magia della gentilezza, tieni questa pietra vicino al cuore."

Rosie ringraziò Lumina e mise la pietra al sicuro nella sua tasca.

Mentre tornavano attraverso il giardino, la Lanterna dei Piccoli Desideri continuava a brillare intensamente, guidandoli verso casa. Rosie provava un profondo senso di soddisfazione, sapendo che il loro desiderio aveva portato luce e amicizia a qualcuno che ne aveva bisogno.

Tornati alla loro casetta, Rosie e Oliver posero la Lanterna dei Piccoli Desideri nel suo posto speciale sulla veranda. Guardarono il cielo stellato, sentendosi grati per la magia della notte.

"Stasera è stata meravigliosa," disse Rosie, i suoi occhi brillanti di felicità. "Sono così felice che abbiamo potuto aiutare Finn."

Oliver annuì. "In effetti, è stata una notte piena di gioia e gentilezza. Ricorda, Rosie, la magia della Lanterna dei Piccoli Desideri non è solo nella luce che emette, ma nell'amore e nella cura che condividiamo con gli altri."

Rosie sorrise e abbracciò Oliver. "Ricorderò sempre questo. Grazie per avermi aiutato a far avverare un desiderio."

Mentre sedevano insieme, godendosi la tranquilla notte, sentirono un senso di appagamento. La Lanterna dei Piccoli Desideri continuava a brillare dolcemente, un promemoria della magia che esiste in ogni atto di gentilezza e del potere di un desiderio fatto con un cuore amorevole.

E così, nel piccolo villaggio circondato da colline ondulate e prati verdi, la Lanterna dei Piccoli Desideri brillava intensamente, guidando sogni e diffondendo luce ovunque fosse necessaria.

L'amicizia tra Oliver e Rosie cresceva di giorno in giorno, e i loro cuori rimanevano pieni della magia che avevano vissuto.

Da quella notte in poi, Rosie e Oliver continuarono a custodire la loro lanterna speciale e i ricordi della loro avventura. Sapevano che ogni desiderio fatto con gentilezza aveva il potere di illuminare il mondo, proprio come la Lanterna dei Piccoli Desideri. E nei loro cuori, portavano la luce di quella notte magica, diffondendo gioia e calore ovunque andassero.

E così, mentre le stelle brillavano nel cielo notturno, la Lanterna dei Piccoli Desideri rimaneva un simbolo di speranza e amicizia, un faro che guidava i sogni e ricordava a tutti che anche i più piccoli atti di gentilezza potevano creare i momenti più magici.

The Compass of Heartfelt Journeys

Once upon a time, in a world where meadows danced with colors and forests whispered secrets, there was a small, enchanted village named Hearthglow. This village was a special place where every house had a garden full of blooming flowers and every corner was touched by magic. In this delightful village lived a kind-hearted fox named Finn and a wise old turtle named Eloise. They were the best of friends, sharing stories and exploring the wonders of their magical land.

One sunny morning, as the golden rays of the sun kissed the dewdrops on the flowers, Finn and Eloise gathered at the village square. Finn, with his vibrant orange fur and playful eyes, was eagerly bouncing with excitement. Eloise, with her calm demeanor and thoughtful gaze, was carrying an old, beautifully crafted compass.

"Good morning, Eloise!" Finn greeted, his tail wagging. "What's the adventure for today?"

Eloise smiled gently. "Good morning, Finn. Today, we have a special journey ahead. This is the Compass of Heartfelt Journeys. It's not just an ordinary compass; it guides us to the places where our hearts can grow and where we can make a difference."

Finn's eyes widened with curiosity. "A compass that guides the heart? How does it work?"

Eloise placed the compass on a nearby table. "The Compass of Heartfelt Journeys points towards places where kindness and love are needed. It doesn't show directions on a map; it shows the way to where our hearts can shine brightest."

Finn was fascinated. "Can we use it today?"

Eloise nodded. "Indeed, we can. Let's follow the compass and see where it leads us."

With a burst of excitement, Finn and Eloise set off on their adventure. The compass pointed towards the edge of the forest, where the trees grew taller and the air was filled with the song of birds. As they walked, the forest seemed to come alive with the soft glow of the morning light.

They followed the compass through a path lined with wildflowers until they reached a clearing. In the middle of the clearing was a grand oak tree, its branches spreading wide like welcoming arms. Underneath the tree sat a small, teary-eyed squirrel named Sammy.

Finn approached Sammy gently. "Hello there! I'm Finn, and this is Eloise. Is everything alright?"

Sammy looked up with a sad expression. "Hello. I'm Sammy. I've been trying to find the perfect acorn to make my home cozy for the winter, but I can't seem to find one. I'm worried that I won't be ready in time."

Eloise knelt beside Sammy. "Sometimes, finding the perfect thing can be challenging. But the Compass of Heartfelt Journeys led us here, so maybe we can help."

Sammy's eyes brightened a little. "You would really help me? That would be wonderful!"

Finn and Eloise nodded. "Absolutely. Let's work together to find the perfect acorn for your home."

The three friends began their search. They looked high and low, under leaves and among rocks, but no acorn seemed just right. As they searched, Finn noticed Sammy's sadness beginning to fade, replaced by a glimmer of hope. Eloise shared stories and advice, and Sammy's worry turned into laughter and joy.

As the sun began to set, painting the sky with hues of orange and pink, Finn spotted a glint under a pile of leaves. He carefully dug through the leaves and uncovered a beautifully shaped, golden-brown acorn.

"Look, Sammy!" Finn exclaimed. "I think we've found it!"

Sammy's eyes sparkled with joy. "It's perfect! Thank you so much. I couldn't have found it without your help."

Eloise smiled warmly. "We're glad we could assist. Remember, sometimes the journey itself brings us to the right place, and it's the kindness we show along the way that makes all the difference."

As Sammy scurried off to prepare his cozy home, Finn and Eloise looked at the compass. It had stopped spinning and was now pointing straight up towards the sky, as if signaling that their mission was complete.

"The compass led us to where we were needed," Finn said, his heart feeling full. "It was a wonderful adventure."

Eloise nodded in agreement. "Indeed. And it's important to remember that every heartfelt journey we take, no matter how small, has the power to touch lives and make a difference."

The two friends made their way back to the village, their hearts filled with warmth and satisfaction. As they walked, they talked about their adventure and the lessons they had learned. The Compass of Heartfelt Journeys had shown them that helping others and spreading kindness was the true treasure.

When they reached Hearthglow, the village was bathed in the soft light of the evening. The stars began to twinkle in the sky, and the air was filled with the gentle hum of night creatures.

Finn and Eloise placed the compass on a special shelf in their home, where it would be safe and ready for their next adventure.

"Thank you, Eloise," Finn said, his voice filled with gratitude. "This was an amazing journey."

Eloise patted Finn's head gently. "Thank you, too, Finn. It's always a joy to share these moments and to discover the magic of heartfelt journeys together."

As they sat together, watching the stars, they felt a deep sense of contentment. The Compass of Heartfelt Journeys had not only guided them to help a friend in need but had also reminded them of the beauty of kindness and the power of a loving heart.

As the stars twinkled brightly in the night sky, Finn and Eloise knew that their adventures were far from over. The compass would guide them on many more heartfelt journeys, each one bringing new opportunities to share kindness and discover the true magic that lies in every act of love.

And so, under the twinkling stars of Hearthglow, the friends dreamed of their next adventure, knowing that with every journey, their hearts would continue to grow and shine, lighting up the world one heartfelt step at a time.

La Bussola dei Viaggi dal Cuore

C'era una volta, in un mondo dove i prati danzavano con colori e le foreste sussurravano segreti, un piccolo e incantato villaggio chiamato Hearthglow. Questo villaggio era un luogo speciale dove ogni casa aveva un giardino pieno di fiori in fiore e ogni angolo era toccato dalla magia. In questo delizioso villaggio vivevano una volpe di buon cuore di nome Finn e una saggia tartaruga di nome Eloise. Erano i migliori amici, condividendo storie e esplorando le meraviglie della loro terra magica.

Una mattina soleggiata, mentre i raggi dorati del sole baciavano le gocce di rugiada sui fiori, Finn e Eloise si incontrarono nella piazza del villaggio. Finn, con il suo vivace pelo arancione e gli occhi gioiosi, saltellava con eccitazione. Eloise, con il suo atteggiamento calmo e lo sguardo riflessivo, portava con sé una vecchia bussola finemente lavorata.

"Buongiorno, Eloise!" salutò Finn, la coda che scodinzolava. "Qual è l'avventura di oggi?"

Eloise sorrise dolcemente. "Buongiorno, Finn. Oggi abbiamo un viaggio speciale davanti a noi. Questa è la Bussola dei Viaggi dal Cuore. Non è una bussola ordinaria; ci guida verso i luoghi dove i nostri cuori possono crescere e dove possiamo fare la differenza."

Gli occhi di Finn si spalancarono con curiosità. "Una bussola che guida il cuore? Come funziona?"

Eloise posò la bussola su un tavolo vicino. "La Bussola dei Viaggi dal Cuore punta verso luoghi dove la gentilezza e l'amore sono necessari. Non mostra direzioni su una mappa; mostra la via verso dove i nostri cuori possono brillare di più."

Finn era affascinato. "Possiamo usarla oggi?"

Eloise annuì. "Certamente. Seguiamo la bussola e vediamo dove ci conduce."

Con un'esplosione di entusiasmo, Finn ed Eloise partirono per la loro avventura. La bussola puntava verso il bordo della foresta, dove gli alberi erano più alti e l'aria era riempita dal canto degli uccelli. Mentre camminavano, la foresta sembrava prendere vita con il delicato bagliore della luce del mattino.

Seguirono la bussola lungo un sentiero fiancheggiato da fiori selvatici finché non raggiunsero una radura. Nel mezzo della radura c'era una grande quercia, con i suoi rami che

si allargavano come braccia accoglienti. Sotto l'albero sedeva un piccolo scoiattolo dagli occhi lucidi di tristezza di nome Sammy.

Finn si avvicinò a Sammy con delicatezza. "Ciao! Io sono Finn e questa è Eloise. Va tutto bene?"

Sammy alzò lo sguardo con un'espressione triste. "Ciao. Sono Sammy. Ho cercato di trovare la ghianda perfetta per rendere accogliente la mia casa per l'inverno, ma non riesco a trovarne una. Sono preoccupato di non essere pronto in tempo."

Eloise si inginocchiò accanto a Sammy. "A volte, trovare la cosa perfetta può essere una sfida. Ma la Bussola dei Viaggi dal Cuore ci ha guidati qui, quindi forse possiamo aiutarti."

Gli occhi di Sammy si illuminarono un po'. "Davvero ci aiutereste? Sarebbe meraviglioso!"

Finn ed Eloise annuirono. "Assolutamente. Lavoriamo insieme per trovare la ghianda perfetta per la tua casa."

I tre amici iniziarono la ricerca. Cercarono in alto e in basso, sotto le foglie e tra le rocce, ma nessuna ghianda sembrava giusta. Mentre cercavano, Finn notò che la tristezza di Sammy stava svanendo, sostituita da una scintilla di speranza. Eloise condivise storie e consigli, e la preoccupazione di Sammy si trasformò in risate e gioia.

Quando il sole cominciò a tramontare, dipingendo il cielo con tonalità di arancio e rosa, Finn notò un luccichio sotto un cumulo di foglie. Scavò con attenzione tra le foglie e scoprì una ghianda splendidamente modellata, di un marrone dorato.

"Guarda, Sammy!" esclamò Finn. "Credo che l'abbiamo trovata!"

Gli occhi di Sammy scintillarono di gioia. "È perfetta! Vi ringrazio tanto. Non avrei potuto trovarla senza il vostro aiuto."

Eloise sorrise calorosamente. "Siamo felici di poter aiutare. Ricorda, a volte il viaggio stesso ci conduce nel posto giusto, e la gentilezza che mostriamo lungo il cammino fa tutta la differenza."

Mentre Sammy si affrettava a preparare la sua accogliente casa, Finn ed Eloise guardarono la bussola. Si era fermata e ora puntava dritta verso il cielo, come se segnalasse che la loro missione era completata.

"La bussola ci ha guidati dove eravamo necessari," disse Finn, il cuore pieno di soddisfazione. "È stata un'avventura meravigliosa."

Eloise annuì in segno di accordo. "In effetti. Ed è importante ricordare che ogni viaggio dal cuore che intraprendiamo, per quanto piccolo, ha il potere di toccare le vite e fare la differenza."

I due amici tornarono al villaggio, i loro cuori colmi di calore e soddisfazione. Mentre camminavano, parlarono della loro avventura e delle lezioni apprese. La Bussola dei Viaggi dal Cuore aveva dimostrato loro che aiutare gli altri e diffondere gentilezza era il vero tesoro.

Quando raggiunsero Hearthglow, il villaggio era avvolto dalla dolce luce della sera. Le stelle cominciavano a brillare nel cielo, e l'aria era riempita dal lieve ronzio delle creature notturne.

Finn ed Eloise posero la bussola su uno scaffale speciale nella loro casa, dove sarebbe stata al sicuro e pronta per la loro prossima avventura.

"Grazie, Eloise," disse Finn, la voce colma di gratitudine. "Questo è stato un viaggio straordinario."

Eloise accarezzò delicatamente la testa di Finn. "Grazie a te, Finn. È sempre una gioia condividere questi momenti e scoprire insieme la magia dei viaggi dal cuore."

Mentre sedevano insieme, osservando le stelle, sentirono un profondo senso di appagamento. La Bussola dei Viaggi dal Cuore non solo li aveva guidati ad aiutare un amico bisognoso, ma aveva anche ricordato loro la bellezza della gentilezza e il potere di un cuore amorevole.

Mentre le stelle brillavano nel cielo notturno, Finn ed Eloise sapevano che le loro avventure erano lontane dall'essere finite. La bussola li avrebbe guidati in molti altri viaggi dal cuore, ognuno portando nuove opportunità per condividere gentilezza e scoprire la vera magia che si nasconde in ogni atto d'amore.

E così, sotto le scintillanti stelle di Hearthglow, gli amici sognarono della loro prossima avventura, sapendo che con ogni viaggio, i loro cuori continuerebbero a crescere e brillare, illuminando il mondo un passo sincero alla volta.

The Meadow's Whispering Wish

In a picturesque village surrounded by rolling hills and blooming meadows, there was a special place called Whispering Glade. This glade was known far and wide for its enchanting beauty and the magical whispers carried by the breeze. In the heart of the village lived a curious little rabbit named Ruby and a wise old owl named Oliver. They were the best of friends and spent their days exploring the wonders of the meadow.

One day, as the morning sun cast a golden hue over the glade, Ruby hopped excitedly to Oliver's favorite oak tree. Oliver, perched comfortably on a branch, looked down with a twinkle in his eye.

"Good morning, Oliver!" Ruby exclaimed. "I've been thinking about something wonderful. Do you know that the glade seems to whisper to us sometimes?"

Oliver nodded wisely. "Good morning, Ruby. Yes, I've noticed that too. The whispers of the glade carry messages and dreams, and sometimes they guide us to discover something special."

Ruby's ears perked up. "What if we could understand what the glade is whispering? Maybe we could find a hidden treasure or help someone in need!"

Oliver's eyes sparkled with excitement. "That sounds like a marvelous idea, Ruby. Let's listen closely and see what the glade has to share with us today."

The two friends settled comfortably on the soft grass, closing their eyes and letting the gentle breeze carry their hopes and dreams. The whispers of the glade were like a soft lullaby, weaving through the trees and rustling the leaves. Ruby and Oliver listened with all their hearts.

As they listened, they heard a faint but distinct whisper. "Help is needed where the old oak tree meets the wildflower field." The words were gentle but clear, and the two friends looked at each other with determination.

"Let's go to the old oak tree and see what we can find," Ruby suggested.

Oliver agreed, and together they set off towards the old oak tree, which stood at the edge of the wildflower field. The tree was ancient and wise, with branches that seemed to reach out in friendship. When they arrived, they saw a small, shivering fox curled up at the base of the tree.

"Hello there," Oliver called softly. "We heard that help might be needed here. Are you alright?"

The fox looked up with tear-filled eyes. "I'm Finn. I was trying to find my way home, but I got lost. Now I'm too tired to move and I don't know how to get back."

Ruby's heart ached for Finn. "Don't worry, Finn. We'll help you find your way home. You're not alone."

Oliver nodded in agreement. "Yes, we'll use the whispers of the glade to guide us. Let's see if we can find any clues that will help us lead Finn back to his home."

The three friends began their search. Ruby hopped through the wildflower field, while Oliver flew overhead, scanning the area. They followed the whispers of the glade, which seemed to guide them towards a path leading deeper into the forest.

As they ventured further, they came across a small stream with crystal-clear water. The water sparkled in the sunlight, and the gentle babbling created a soothing melody. At the edge of the stream, they found a set of tiny paw prints leading to a hidden path.

"These must be Finn's tracks!" Ruby exclaimed. "Let's follow them."

Finn looked hopeful. "Thank you so much. I was so scared, but now I feel like there's a chance to find my way home."

With renewed determination, the friends followed the paw prints along the hidden path. The path led them through a grove of ancient trees, their branches forming a canopy of green overhead. The air was filled with the scent of pine and wildflowers, and the whispers of the glade grew louder and more comforting.

As they walked, Oliver shared stories about the forest and its secrets, helping to keep Finn's spirits high. Ruby used her keen eyes to spot landmarks and signs that might indicate their direction. Together, they made their way through the forest, each step bringing them closer to Finn's home.

Eventually, the path opened up to a beautiful meadow filled with colorful flowers and tall grasses swaying in the breeze. At the edge of the meadow stood a cozy den with a welcoming entrance. Finn's eyes lit up with joy.

"That's my home!" Finn exclaimed. "I can't believe we made it. Thank you so much for your help."

Ruby and Oliver smiled warmly. "We're glad we could help," Ruby said. "The glade's whispers guided us here, and it was our pleasure to assist a friend in need."

Finn led them into his den, where he offered them some freshly gathered berries and herbs as a token of his gratitude. The cozy den was filled with warmth and the comforting aroma of the forest.

As they enjoyed the berries and shared stories, Finn's home was filled with laughter and friendship. The whispers of the glade seemed to dance around them, celebrating the successful journey and the bonds formed.

As the sun began to set, painting the sky with shades of pink and gold, Ruby and Oliver knew it was time to return to their own homes. They said their goodbyes to Finn, promising to visit again soon.

"Thank you for everything," Finn said, his eyes shining with gratitude. "I'll always remember the kindness you showed me."

Ruby and Oliver left Finn's den and made their way back to the village, the whispers of the glade guiding their path. They reflected on their adventure and the joy of helping a friend in need. The magic of the glade had not only led them to Finn but had also deepened their understanding of the importance of kindness and friendship.

When they returned to Whispering Glade, the stars were beginning to twinkle in the night sky. The soft glow of moonlight bathed the glade in a serene light, and the gentle whispers of the breeze seemed to carry a sense of peace and contentment.

"Today was truly special," Oliver said, his voice filled with warmth. "The glade's whispers guided us to make a difference, and we were able to help someone in need."

Ruby nodded happily. "Yes, it was a wonderful adventure. I'm grateful for the whispers of the glade and for the chance to help a friend. It reminds me that even the smallest acts of kindness can make a big difference."

As they settled down under the stars, the whispers of the glade continued to weave their gentle melody. Ruby and Oliver knew that their adventures were far from over, and that the glade would always be there to guide them on their heartfelt journeys.

And so, in the magical village of Whispering Glade, the whispers of the glade remained a cherished reminder that kindness and friendship could light up the world in beautiful ways. Ruby and Oliver continued to explore their enchanted land, their hearts always open to new adventures and the joy of making a difference.

Under the twinkling stars and the soft glow of moonlight, Ruby and Oliver dreamed of their next adventure, knowing that with every journey, their hearts would continue to grow and shine, spreading love and kindness wherever they went.

Il Desiderio del Sussurro del Prato

In un pittoresco villaggio circondato da colline ondulate e prati in fiore, c'era un luogo speciale chiamato Sussurro del Prato. Questo prato era noto per la sua bellezza incantevole e per i sussurri magici portati dalla brezza. Nel cuore del villaggio vivevano una curiosa coniglietta di nome Ruby e un saggio gufo di nome Oliver. Erano i migliori amici e trascorrevano le loro giornate esplorando le meraviglie del prato.

Un giorno, mentre il sole del mattino diffondeva una luce dorata sul prato, Ruby saltellò eccitata verso l'albero di quercia preferito di Oliver. Oliver, posato comodamente su un ramo, la guardò con un luccichio negli occhi.

"Buongiorno, Oliver!" esclamò Ruby. "Ho pensato a qualcosa di meraviglioso. Sai che il prato sembra sussurrarci a volte?"

Oliver annuì saggiamente. "Buongiorno, Ruby. Sì, l'ho notato anche io. I sussurri del prato portano messaggi e sogni, e a volte ci guidano per scoprire qualcosa di speciale."

Le orecchie di Ruby si drizzarono. "E se potessimo capire cosa sta sussurrando il prato? Magari potremmo trovare un tesoro nascosto o aiutare qualcuno in difficoltà!"

Gli occhi di Oliver scintillarono di entusiasmo. "Sembra un'idea meravigliosa, Ruby. Ascoltiamo attentamente e vediamo cosa ha da dirci il prato oggi."

I due amici si sistemarono comodamente sull'erba morbida, chiudendo gli occhi e lasciando che la dolce brezza portasse le loro speranze e sogni. I sussurri del prato erano come una dolce ninna nanna, che si intrecciava tra gli alberi e frusciava tra le foglie. Ruby e Oliver ascoltarono con tutto il cuore.

Mentre ascoltavano, udirono un sussurro tenue ma distintivo. "Aiuto è necessario dove l'antica quercia incontra il campo di fiori selvatici." Le parole erano gentili ma chiare, e i due amici si guardarono con determinazione.

"Andiamo all'antica quercia e vediamo cosa possiamo trovare," suggerì Ruby.

Oliver annuì e insieme si diressero verso l'antica quercia, che si trovava al bordo del campo di fiori selvatici. L'albero era antico e saggio, con rami che sembravano allungarsi in segno di amicizia. Quando arrivarono, videro una piccola volpe tremante rannicchiata alla base dell'albero.

"Ciao," chiamò Oliver dolcemente. "Abbiamo sentito che potrebbe essere necessario un aiuto qui. Va tutto bene?"

La volpe alzò lo sguardo con gli occhi pieni di lacrime. "Sono Finn. Stavo cercando di tornare a casa, ma mi sono perso. Ora sono troppo stanco per muovermi e non so come tornare."

Il cuore di Ruby si strinse per Finn. "Non preoccuparti, Finn. Ti aiuteremo a trovare la tua strada per tornare a casa. Non sei solo."

Oliver annuì in segno di accordo. "Sì, useremo i sussurri del prato per guidarci. Vediamo se possiamo trovare qualche indizio che ci aiuti a riportare Finn a casa."

I tre amici iniziarono la ricerca. Ruby saltellava attraverso il campo di fiori selvatici, mentre Oliver volava in alto, ispezionando l'area. Seguirono i sussurri del prato, che sembravano guidarli verso un sentiero che portava più a fondo nella foresta.

Mentre si avventuravano, si imbatterono in un piccolo ruscello con acqua cristallina. L'acqua scintillava alla luce del sole e il dolce gorgoglio creava una melodia rilassante. Al bordo del ruscello trovarono un insieme di impronte di zampette che portavano a un sentiero nascosto.

"Queste devono essere le tracce di Finn!" esclamò Ruby. "Seguiamole."

Finn sembrava speranzoso. "Grazie mille. Ero così spaventato, ma ora sento che c'è una possibilità di trovare la mia strada per tornare a casa."

Con rinnovata determinazione, gli amici seguirono le impronte lungo il sentiero nascosto. Il sentiero li portò attraverso un boschetto di alberi antichi, i cui rami formavano un tetto verde sopra di loro. L'aria era piena del profumo di pini e fiori selvatici, e i sussurri del prato diventavano sempre più forti e confortanti.

Mentre camminavano, Oliver raccontava storie sulla foresta e sui suoi segreti, aiutando a mantenere alto il morale di Finn. Ruby usava i suoi occhi acuti per individuare punti di riferimento e segni che potessero indicare la loro direzione. Insieme, percorsero il sentiero attraverso la foresta, ogni passo avvicinandoli alla casa di Finn.

Alla fine, il sentiero si aprì su un bellissimo prato pieno di fiori colorati e alte erbe che ondeggiavano nella brezza. Al bordo del prato c'era una tana accogliente con un'entrata invitante. Gli occhi di Finn si illuminarono di gioia.

"Questa è casa mia!" esclamò Finn. "Non posso credere che ci siamo riusciti. Grazie mille per il vostro aiuto."

Ruby e Oliver sorriserò calorosamente. "Siamo felici di aver potuto aiutare," disse Ruby. "I sussurri del prato ci hanno guidati qui ed è stato un piacere assistere un amico in difficoltà."

Finn li invitò nella sua tana, dove offrì loro delle bacche e delle erbe appena raccolte come segno di gratitudine. La tana accogliente era piena di calore e del profumo confortante della foresta.

Mentre gustavano le bacche e condividevano storie, la casa di Finn era riempita di risate e amicizia. I sussurri del prato sembravano danzare intorno a loro, celebrando il viaggio riuscito e i legami formati.

Quando il sole cominciò a tramontare, dipingendo il cielo con sfumature di rosa e oro, Ruby e Oliver sapevano che era il momento di tornare alle loro case. Si salutarono con Finn, promettendo di tornare a trovarlo presto.

"Grazie per tutto," disse Finn, gli occhi brillanti di gratitudine. "Ricorderò sempre la gentilezza che mi avete mostrato."

Ruby e Oliver lasciarono la tana di Finn e si diressero verso il villaggio, i sussurri del prato che guidavano il loro cammino. Riflettevano sulla loro avventura e sulla gioia di aver aiutato un amico in difficoltà. La magia del prato non solo li aveva guidati da Finn, ma aveva anche approfondito la loro comprensione dell'importanza della gentilezza e dell'amicizia.

Quando tornarono a Sussurro del Prato, le stelle cominciavano a brillare nel cielo notturno. Il morbido chiarore della luce della luna bagnava il prato in una luce serena, e i dolci sussurri della brezza sembravano portare un senso di pace e appagamento.

"Oggi è stato davvero speciale," disse Oliver, la voce piena di calore. "I sussurri del prato ci hanno guidati a fare la differenza e abbiamo potuto aiutare qualcuno in difficoltà."

Ruby annuì felice. "Sì, è stata un'avventura meravigliosa. Sono grata per i sussurri del prato e per l'opportunità di aiutare un amico. Mi ricorda che anche i più piccoli atti di gentilezza possono fare una grande differenza."

Mentre si sistemavano sotto le stelle, i sussurri del prato continuavano a intrecciare la loro dolce melodia. Ruby e Oliver sapevano che le loro avventure erano lontane dall'essere finite e che il prato sarebbe sempre stato lì per guidarli nei loro viaggi dal cuore.

E così, nel magico villaggio di Sussurro del Prato, i sussurri del prato rimanevano un prezioso promemoria che la gentilezza e l'amicizia potevano illuminare il mondo in modi bellissimi. Ruby e Oliver continuarono a esplorare la loro terra incantata, i loro cuori sempre aperti a nuove avventure e alla gioia di fare la differenza.

Sotto le scintillanti stelle e il morbido chiarore della luna, Ruby e Oliver sognarono della loro prossima avventura, sapendo che con ogni viaggio, i loro cuori continuerebbero a crescere e brillare, diffondendo amore e gentilezza ovunque andassero.

www.ingramcontent.com/pod-product-compliance
Lightning Source LLC
Chambersburg PA
CBHW061400140726
47997CB00003B/1289